AF451798

Hierosme d'Argouges de Ranes
Chevalier Seigneur de Fleury, Con.er du Roy en ses Conseils
M.e des Req.tes Hon.re de son Hôtel, Lieut.t Civil de
la Ville Prev.té et Vicomté de Paris le 4.e 8.bre
Largilliere Pinx.
Justitiæ patriæ que decus gentis que Columen
Plurima quid Prosit dicere, Nestor adest. L.m.m.P.D.R.

SÉANCE

DU
CHASTELET DE PARIS,

Du Lundi 25 Octobre 1762.

ET DISCOURS
PRONONCÉS

Par M. DE SARTINE, Lieutenant Général de Police;

Par M. MOREAU, Procureur du Roi au Châtelet, faisant les fonctions d'Avocat du Roi;

Et par M. CHARDON, Lieutenant-Particulier, Président au Parc Civil :

Imprimés par les soins de Me JEAN-BAPTISTE COURLESVAUX l'aîné, Me JACQUES ROGER LE COMTE, Me JEAN-BAPTISTE MARYE, Procureurs au Châtelet, & Procureurs de Communauté en exercice, & de Me LOUIS VARNIER, aussi Procureur au Châtelet, Syndic.

A PARIS,

DE l'Imprimerie de LE BRETON, premier Imprimeur ordinaire du ROI, & ordinaire de la Communauté.

M. DCC. LXII.

SÉANCE

DE LA RENTRÉE
DU CHATELET DE PARIS,

Du Lundi 25 Octobre 1762.

*Ce jour, dix heures du matin, M. DE SARTINE, Lieu-
tenant-Général de Police, s'étant rendu en la Chambre du Conseil, a fait part à la Compagnie qu'il
présidoit, de la Lettre par laquelle M. d'Argouges
pere, Lieutenant-Civil, lui a annoncé sa retraite, &
a dit :*

ESSIEURS,

En rentrant cette année dans les fonctions pénibles & honorables dont vous êtes chargés, vous vous

A

flattiez fans doute de partager encore vos travaux
avec ce Magiſtrat illuſtre par ſa naiſſance , recommandable par ſes lumieres & ſa probité , & qui pendant un ſi grand nombre d'années a rempli avec tant
de gloire une charge non moins difficile par l'étendue
des devoirs qui lui ſont impoſés , qu'elle eſt importante par leur objet.

Mais c'eſt avec douleur que je me vois forcé de
vous annoncer qu'il eſt déterminé à jouir d'un repos
qu'il a ſi bien mérité. Il m'a prié , MESSIEURS , de
vous témoigner les regrets qu'il éprouvera juſqu'à la
fin de ſes jours , de ſe voir éloigné d'une Compagnie
où il a toujours reconnu tant de zele pour le bien public , des intentions ſi pures , & une connoiſſance ſi
exacte des Loix , qui ſont la regle de vos Jugemens.

Je vous ai prévenu ſans doute en l'aſſurant combien vous ſeroit ſenſible l'abſence d'un homme ſi digne
de vos éloges , & ſupérieur même à la réputation qu'il
s'eſt acquiſe.

Rien ne pourroit en effet vous conſoler de ſa perte ,
ſi vous ne retrouviez dans le Fils qui lui ſuccede , les
talens & les vertus que vous admiriez dans le Pere ;
il ſe ſeroit empreſſé de venir vous témoigner lui-même
les ſentimens qui l'attachent à vous , ſi l'état actuel de
ſa ſanté lui avoit permis de ſuivre les mouvemens de
ſon cœur.

Chargé d'années & de gloire, M. le Lieutenant-Civil va paffer une vieilleffe honorable au fein d'une tranquillité, qu'il a toujours facrifiée au bien public. Les Citoyens dont il a affuré le bonheur & la fortune, les Familles qui lui doivent & leur union & la paix dont elles jouiffent, les Juges qui ont admiré fa prudence & fon équité, conferveront pour lui ce tendre fouvenir, cette eftime précieufe qu'on a pour les grands hommes.

L'amitié particuliere qu'il veut bien avoir pour moi, m'a rendu plus fenfible le chagrin d'exciter vos regrets en vous annonçant la perte que nous venons de faire ; mais j'ai à me féliciter, MESSIEURS, que cette occafion me procure l'honneur de préfider une Compagnie refpeftable, à laquelle je fuis attaché par tant de liens (*a*). Puiffai-je, pénétré des vertus de ce Magiftrat, fuivre ce grand modele dans les fonctions qui me font confiées ; & marchant fur des traces auffi glorieufes, mériter comme lui votre eftime & vos fuffrages par l'exercice de mes devoirs.

(*a*) M. le Lieutenant-Général de Police eft le premier Lieutenant du Châtelet, après M. le Lieutenant-Civil, & préfide la Compagnie en fon abfence.

*L*A Compagnie eſt enſuite deſcendue en la Chapelle , où la Meſſe a été célébrée ſolemnellement. La Meſſe finie, la Compagnie a remonté en la Chambre du Conſeil ; & après y avoir délibéré ſur différentes affaires, mondit Sieur de Sartine s'étant retiré, la Compagnie eſt deſcendue au Parc-civil. M. Chardon qui y préſidoit, a fait l'ouverture des Audiences par la lecture & publication des Ordonnnances.

Après laquelle lecture, M. MOREAU , Procureur du Roi , portant la parole , attendu la vacance des quatre Charges d'Avocats du Roi , a prononcé le diſcours ſuivant :

MESSIEURS,

CHARGÉ du maintien de la paix intérieure du Royaume, utile à tous les âges, à tous les états, à toutes les profeſſions, jaloux de ſon propre bonheur & de ſe ſurvivre à lui-même dans le cœur de ſes Concitoyens, le Magiſtrat ne ſçauroit trop réfléchir , ſoit ſur la multitude , ſoit ſur l'importance des devoirs

que fon miniftere lui impofe. Si l'éclat de la dignité
dont il eft revêtu, lui attire le refpeét des peuples,
l'obligation qu'il a contraétée envers eux n'en devient
que plus étendue, & les engagemens qu'il a pris n'en
font que plus indifpenfables.

Effayons, s'il eft poffible, d'en tracer une légere
efquiffe, & tâchons par-là de fatisfaire nous-mêmes
à la fonétion dont nous fommes aujourd'hui obligés
de nous acquitter; elle eût été bien mieux remplie
par les jeunes Orateurs aux talens defquels ce Tribunal étoit depuis quelques années dans l'habitude
d'applaudir, & dont la viciffitude à laquelle nous
fommes malheureufement affujettis, femble ne nous
avoir permis de jouir quelque tems, que pour les re-
greter davantage; mais en les remplaçant dans cette
féance, notre zele peut nous fervir d'excufe, & la
matiere que nous avons choifie eft bien capable de
vous dédommager par elle-même de ce qui nous
manque pour la traiter avec l'élévation dont elle
eft fufceptible.

Les devoirs du Magiftrat peuvent s'envifager
fous deux points de vûe, l'un général, l'autre particulier.

Le bien public, ce qui appartient au bon ordre
& à la police, demande toute l'attention du Magif-

trat ; mais chaque citoyen féparément n'en eft pas moins confié à fes foins. Le Magiftrat doit auffi de tems en tems jetter fur lui-même un coup d'œil d'égards & d'intérêt perfonnel.

Ainfi nous allons nous rappeller fuccinctement ce que le Magiftrat doit faire pour le Public en général, ce que chaque particulier eft en droit d'exiger de lui, enfin ce qu'il fe doit à lui-même.

PREMIERE PARTIE.

Parmi les objets importans remis à la garde & à la vigilance du Magiftrat, diftinguons entr'autres ce qui concerne la Religion, les fentimens dûs au Prince, & l'union qui doit regner entre les concitoyens.

La Religion s'offre d'abord aux foins du Magiftrat ; il fent qu'elle influe fur tout ce qui refpire : c'eft une émanation de la Divinité même, qui a bien voulu s'en fervir comme du moyen le plus analogue à fa bonté & à fa toute-puiffance, pour ramener à fon culte le plus bel ouvrage qui foit forti de fes mains, c'eft-à-dire l'Homme.

L'Homme ! (A ce mot que d'idées fe préfentent ! C'eft l'affemblage de l'être & du néant, de l'efprit & de la matiere ; c'eft un tiffu merveilleux de grandeur & de foibleffe, de lumieres & de ténebres, de vices & de vertus.) L'Homme, difons-nous, ne fauroit fans le plus honteux aveuglement, & la plus noire ingratitude, fe refufer au cri de la nature qui lui indique l'auteur de fon exiftence: il ne peut mé-connoître le bras fecourable qui le foutient à chaque pas; & quel que foit fon endurciffement, il ne peut ne pas trembler à cette voix intérieure, à cet oracle terrible qui l'avertit fans ceffe de fa fin.

Cependant l'impie a ofé blafphemer; il a ofé dire en fon cœur, en un moment de délire, il n'y a point de Dieu. Le Fanatique emporté par fon enthoufiafme a fait plus encore; il n'a pas craint de repréfenter ce Dieu qu'il n'a pas eu la hardieffe de contefter, moins comme le pere que comme le tyran de l'Univers; les peuples qui font répandus fur la furface de la Terre, moins comme fes enfans que comme fes efclaves.

Mais le Fanatifme & l'Irreligion, ces deux monf-tres conjurés contre la Divinité, l'attaquent avec des vûes & par des moyens différens.

Le Fanatifme audacieux marche la tête haute, le front découvert; le nom de Dieu eft dans fa bou-che, toute la chaleur de l'amour-propre eft dans fon cœur: il cherche à dompter les efprits, en les échauffant ; il prend en main le flambeau de la Religion, il détruit les Temples du Dieu que le Peuple adore ; il renverfe fes autels, & c'eft fur leurs débris que fumant de fang & de carnage, il veut en élever d'autres à fon idole.

L'Irreligion plus timide ferpente parmi les fleurs, flate la foibleffe de ceux qu'elle veut féduire : quoique fouillés de la fange de leurs paffions, elle les fait affeoir au banquet des Sages, & couverte elle-même du manteau de la Philofophie, elle efpere échapper à la honte & à l'opprobre qui la fuivent.

Le Magiftrat a toujours dû regarder comme le premier de fes devoirs, de s'employer à conferver la Religion intaéte, de la fouftraire aux perfécutions de fes ennemis, & de la tranfmettre aux fiecles fuivans avec la fimplicité & la pureté qui font fon apanage.

En effet, qui peut mieux que le Magiftrat, tantôt mettre un frein à la fureur de ceux que le tourbillon du fanatifme emporte & conduit d'abîmes en abîmes, au point de leur faire même oublier qu'ils font hommes ; tantôt développer les trames fourdes & fecretes de ceux qui plus adroits mais non moins dangereux que les premiers, empruntent la voix de la nature pour raffembler leurs profélites, & fapper

la

la Religion par les fondemens, dans l'efpérance d'en renverfer l'édifice ?

Le Magiftrat, appellé à partager l'autorité du Prince , & par-là dépofitaire de celle des Loix, fçait avec autant de fageffe que de fermeté, fe fervir du pouvoir dont il eft revêtu : la Divinité offenfée lui laiffe l'honneur de la venger de l'impie qui affecte de la méconnoître, ou du téméraire qui invoque fon nom pour l'outrager : & le vaiffeau de la Religion éclairé par le fanal de la Juftice, peut voguer en paix fans rien craindre ni des écueils qui l'environnent, ni des tempêtes qui femblent le menacer.

A ce premier devoir fi refpectable, en fuccede un autre qui n'intéreffe pas moins le cœur vertueux & fenfible du Magiftrat.

L'Être Suprême, en créant l'homme, & en lui accordant une nombreufe poftérité, avoit déterminé dans les decrets immuables de fa Providence, de placer les rejettons de cet arbre fertile dans différens ordres, & dans des claffes féparées. Ayant tout prévû, il avoit de toute éternité deftiné les uns à commander, les autres à obéir ; ceux-ci à refpecter dans leurs Maîtres l'image de la Divinité ; ceux-là qui la repréfentent, à en retracer tous les traits aux yeux des peuples qui leur font foumis. La bonté doit caractérifer les Princes; le refpeA, l'amour & la foumiffion doivent fans ceffe animer les Sujets.

Le Magiftrat intimement perfuadé que de cette harmonie divine dépendent la fplendeur & la durée des états, ne négligera rien pour en entretenir le reffort; il eft pénétré lui-même des fentimens qu'il cherche à infpirer; il eft effentiellement ennemi de toutes les faAions & de tous les partis qui fe forment contre le Gouvernement. Aucun prétexte du bien public ne l'éblouit, aucune efpérance de réforme ne le tente, aucun traitement dur, ni aucune difgrace ne font capables de le relever du ferment qui l'unit à fon Souverain. C'eft le devoir & la confcience qui en font le principe, & non l'intérêt; & dans des tems difficiles, il eft préparé à tout quitter & à tout perdre lui même, plutôt que de trahir ce faint attachement pour un Prince qui l'auroit peu ménagé, & qui n'auroit pas rendu juftice à la pureté de fon zele.

A l'exemple du Magiftrat, les Peuples refpeAent & chériffent l'Empire fous lequel ils vivent. Le chef qui les conduit eft fans ceffe préfent à leurs regards: c'eft le premier mobile, & l'objet principal de toutes leurs aAions; au premier ordre, au moindre befoin de l'Etat, on les voit accourir en foule pour offrir leurs fervices, apporter aux pieds du Trône toute leur fortune, s'expatrier s'il eft néceffaire, fe féparer de ce qu'ils ont de plus cher, fe tranfporter audelà des mers dans les Pays les plus barbares, s'expofer aux plus terribles hafards, affronter la mort même avec un courage héroïque, fi la gloire de leur Prince & le falut de la Patrie l'exigent.

Heureux le Royaume dans lequel les Magiftrats n'ont qu'à développer d'auffi nobles fentimens qu'ils ont le bonheur de trouver dans le cœur de toute la Nation! Heureux les Peuples dont l'inclination fait le devoir! Heureux lui-même le Prince auquel la majefté de fon diadême attire les refpeĉts de fon Peuple, mais qui, par fa douceur & par fes vertus, nouveau Titus, a mérité d'une voix unanime le titre de Bien-aimé!

Mais jamais la Religion n'eft plus affurée du culte qui lui eft dû, jamais le Prince n'a plus lieu de compter fur l'inviolable fidélité de fes Peuples, que lorfque ces fentimens font cimentés par l'intimité qui regne entre tous les fujets du même Souverain. C'eft encore une des fonĉtions publiques du Magiftrat, que de travailler à refferrer de plus en plus ces nœuds, & à les rendre indiffolubles.

Le Magiftrat inacceffible aux paffions, connoît par lui-même les agrémens de la paix & les charmes

de l'union. Comme la pureté de fes vûes ne lui permet pas de révoquer en doute la droiture des intentions de ceux qui font avec lui co-opérateurs du bien
public ; comme il ne propofe jamais aucun avis dont
il foit jaloux , foit par efprit de parti, foit par often-
tation , foit par un bas & fervile motif d'intérêt ; comme enfin il voit dans fon Collegue moins un rival
qu'un autre lui-même , moins un émule de fa gloire
qu'un ami qui la partage , il poffede fon ame dans
un calme heureux , dont il ambitionne de répandre
autour de lui les douceurs , & il cherche à entretenir
dans la Société civile ce rapport de fentimens, cette
correfpondance d'afféَtion dont la nature a fait une
loi générale.

La moindre étincelle de divifion parmi ceux à la
félicité defquels il eft chargé de veiller , lui caufe de
l'inquiétude ; il fait qu'il n'en faut pas davantage pour
exciter les plus grands troubles, femer entre les plus
proches les haines les plus implacables, & allumer
même dans l'Etat la fureur des guerres civiles ; mais
placé dans un lieu élevé, il voit fous fes pieds fe former ces orages & fe raffembler les vapeurs qui les
produifent. Sa vigilance ne peut jamais être en dé-
faut ; il prévient la tempête, il l'écarte ; & un feul
rayon du pouvoir qui lui eft confié , peut diffiper

jufqu'au moindre des nuages dont le choc alloit en-
fanter la foudre, la faire éclater, défoler les Villes les
plus floriffantes, ravager les campagnes les plus ferti-
les, faire peut-être couler des flots de fang, & répandre par-tout l'horreur & la confternation. En un mot,
à la vûe du Magiftrat les efprits n'ont pas le tems de
s'aigrir, la fermentation ceffe, & tout rentre dans
l'ordre naturel.

Ainfi donc le Magiftrat peut en général fervir
utilement la Religion, le Prince & l'Etat.

SECONDE PARTIE.

Paffons maintenant à l'analyfe de devoirs plus dé-
taillés. Chaque individu, dès le moment de fa naiffance jufqu'à celui qui le renferme dans le tombeau,
a droit aux foins du Magiftrat. Chaque Citoyen doit
trouver dans le Magiftrat quelqu'un qui veille fur
fon éducation, qui réponde de fa sûreté, qui foit le
gardien & le confervateur de fa fortune.

Tout homme de quelque fang qu'il tire fon origine,
quelque puiffant qu'il puiffe être par la fuite, quelque
germe qu'il apporte en naiffant, d'efprit, de talens,
de lumieres, vient au monde ne pouvant rien par lui-
même. Si le jeu de la nature feconde le développe-
ment méchanique de fes membres, lui donne quel-

que confiſtance, & le met en état de ſupporter le travail & la fatigue; phénomene, dans lequel toutefois la nature demande à être aidée & conduite, une autre portion de notre exiſtence, cette ame qui puiſée dans le ſein de la Divinité, anime l'argile dont notre corps eſt compoſé, unie auſſi intimement avec la matiere, n'en a que plus beſoin, dès les premiers inſtans de cette réunion, d'être cultivée avec autant de précaution que d'exactitude.

Mais ce n'eſt qu'entre les mains les plus ſages & les plus habiles, qu'un dépôt auſſi précieux doit être remis; il ne convient qu'à des hommes ſupérieurs par leurs vertus, imbus des maximes de la plus ſaine doctrine, qu'à des cœurs droits, pénétrés eux - mêmes des vérités de la Religion, & voués à la probité la plus ſcrupuleuſe, de prétendre à un miniſtere qui tend en quelque ſorte à perfectionner le chef-d'œuvre de la Toute-puiſſance divine. Il ne faut pas abandonner à d'autres la culture de ces jeunes plantes, qui ne tarderont pas à être agitées par le vent impétueux des paſſions, & dont la tige eſt ſi délicate, que le ſouffle impur le plus leger ſuffiroit non-ſeulement pour les corrompre, mais pour le s co n ſumer juſqu'aux plus profondes racines.

Cependant doit-on ſur ce choix s'en rapporter

entierement au libre arbitre de ceux qui, comme peres de famille, y ayant plus d'intérêt, font tou-jours cenfés agir avec une prudence qui ne laiſſe rien à defirer? Non, fans doute. L'enfant qui ouvre les yeux à la lumiere, eſt encore plus à la Républi-que qu'à ceux qui lui ont donné le jour. La Patrie a des droits acquis ſur tout ce qu'elle voit naître ; & les peres & meres ne ſont à l'égard de leur poſté-rité, que les uſufruitiers d'un bien dont le fonds ap-partient à l'Etat. Dès-lors, ſi par une prévention qui tiendroit plûtôt du preſtige, des peres de famille étoient capables dans l'éducation de leurs enfans, de prendre une voye éloignée des principes du Gou-vernement, oppoſée à la loi du Prince, & contraire à la bonne Police ; le Magiſtrat doit en ſentir les con-féquences, & prévenir les ſuites d'un pareil deſor-dre.

Si les mœurs & la Religion ſont allarmées de la fenfation qu'occaſionne ce ſyſtême philofophique, qu'il nous étoit réfervé de voir paroître en notre langue, & qui n'eſt propre qu'à éblouir & à donner la vaine réputation de bel efprit à ceux qui l'ont préconifé ; ſi l'on peut craindre qu'une mere aveugle ou plûtôt aveuglée par le defir de paroître inſtruite, ne tire de ſon fein l'objet de ſa tendreſſe, pour l'élever comme les bêtes , & le confier aux foins de celui qui en s'annonçant pour l'Apôtre de la nature, n'a travaillé, on peut le dire, qu'à dénaturer & avilir ce qui en eft le plus bel ornement; c'eft au Magiftrat à employer toute fon autorité & l'organe de la Juftice, afin de faire profcrire avec éclat l'auteur, l'ouvrage & fes fectateurs , comme autant de peftes publiques capables par le poifon qu'ils répandent, d'infecter l'air le plus pur. Auffi fous les aufpices de la Magiftrature, l'éducation de la jeuneffe reprendra fon premier luftre avec la fimplicité & l'innocence qui lui conviennent.

Mais fi les premieres années de chaque citoyen font un objet de follicitude pour le Magiftrat, il n'en eft que plus engagé à ne jamais perdre de vûe fon Pupile dans la carriere qu'il va parcourir.

A mefure que chacun s'éleve, & vient dans le cercle de la République prendre la place que la Providence lui a marquée, l'œil attentif du Magiftrat en parcourt l'étendue; il en combine les rapports, & il proportionne aux tems, aux circonftances, aux befoins, les fecours qu'il doit à chacun des Membres de la Société; il veille fur ceux qu'il peut apprendre n'être pas en fûreté, & être en bute à quelque malheur,

heur, ou menacé d'être enveloppé dans une calamité publique.

Ici l'innocence fans appui fuit devant un oppref-feur puiffant ; les droits de l'humanité qu'elle a récla-més d'abord, ont été fans crédit ; la voix de la pro-bité qu'elle a voulu faire entendre, n'a pas été écoutée ; les gens de bien qui ont embraffé une querelle auffi légitime, n'ont fait que de vains efforts pour la dé-fendre : quel fera donc le refuge de l'innocence injuf-tement perfécutée ?

Le Magiftrat lui en affure un dans le Sanctuaire de la Juftice. C'eft à l'ombre de fes Autels que l'humanité refpire, que la probité renaît, que l'in-nocence reprend fes forces ; & le méchant terraffé par un feul regard de la Juftice, ne fait plus que ramper en frémiffant du mauvais fuccès de fes pro-jets odieux.

Mais à la violence va fuccéder la rufe ; celle-ci va mettre en ufage toute la fubtilité dont elle eft capable.

Qui fçaura mieux que le Magiftrat garantir la bonne-foi contre ces piéges d'autant plus dangereux qu'ils font artiftement cachés ? Toujours actif, tou-jours vigilant, il fçaura diftinguer la candeur d'avec l'impofture, humilier le fourbe, faire triompher

C

fon adverfaire, tendre un bras fecourable à ceux qui marchent dans les fentiers de la vérité, & jetter dans la confufion ceux qui ne cherchent à réuffir que par des voies obliques & favorables au menfonge.

Parlerons-nous de ces attentats, pour la punition defquels les loix ont confié au Magiftrat le glaive vengeur de la Juftice ? S'il eft quelquefois obligé de s'en fervir, c'eft toujours à regret; il gémit intérieurement de la cruelle néceffité dans laquelle la méchanceté humaine a mis le Légiflateur de ne pouvoir oppofer que la digue des fupplices au torrent des crimes ; mais lorfque les circonftances exigent un exemple, lorfque la tranquillité publique demande du fang, le Magiftrat devient inacceffible à la pitié, & la févérité bannit pour le moment de fon cœur toute la douceur & l'aménité qui font en poffeffion d'y regner.

Ainfi le repos de chaque famille, la fûreté de chaque citoyen, la fécurité avec laquelle chaque particulier peut vaquer aux emplois dont il eft revêtu, ou aux affaires domeftiques qui l'occupent, eft le fruit de l'application continuelle & du zele infatigable du Magiftrat.

Cependant il eft encore des momens que la prudence humaine ne fauroit prévoir; le Magiftrat peut

fe trouver dans des conjonctures imprévûes où il lui
faut des forces plus qu'humaines pour s'acquitter des
devoirs que lui-même il s'impofe. Qu'un fléau afflige
une Province, qu'une affreufe difette la défole & la
dévafte; que l'Ange de la mort étende fes aîles fur une
Contrée; qu'un incendie fubit, en développant des
tourbillons de flammes, répande au loin la confternation & l'effroi, les édifices les plus fomptueux,
les monumens élevés pour la poftérité, les Temples,
les Palais, comme la maifon du citoyen & la cabane
de l'artifan; les richeffes de l'Etat, comme le patri-
moine du particulier, deviennent la proie d'un élé-
ment qui réduit tout en cendres. Le zele du Magiftrat le fait fuffire à tout; il fe porte avec ardeur dans
les endroits mêmes périlleux, où il croit que fa pré-
fence peut être utile. Quelqu'affecté qu'il foit du malheur public, le defaftre de chaque particulier ne paroît pas moins l'intéreffer; chacun lui fait part de fes
peines; il les écoute avec fenfibilité; il les partage,
& chacun eft sûr de trouver en lui le confolateur le
plus tendre, le plus zélé protecteur, & la reffource
la plus efficace.

C'eft auffi par une fuite de ce caractere de bienfai-
fance & d'exactitude à ne négliger aucun de fes devoirs, que le Magiftrat, glorieux d'être tout-à-la-fois

le rempart de la République & le génie tutélaire de chaque Citoyen, croiroit mériter des reproches, s'il ne s'occupoit du foin de conferver à chacun ce qui lui appartient, & de procurer des fecours à ceux qui fans ceffe affiégés par le befoin, végetent dans l'indigence.

Une étude férieufe & réfléchie des Loix, un examen laborieux des différentes Coutumes, la combinaifon & les rapports du Droit naturel avec le Droit civil, préparent le Magiftrat à rendre la juftice diftributive à ceux dont la fortune eft foumife à fa décifion; mais l'intérêt, la plus infidieufe paffion qui puiffe entrer dans le cœur humain, forme avec l'artifice une ligue contraire aux bonnes intentions du Magiftrat.

Quelle fagacité ne faut-il pas pour découvrir les projets de ce dangereux ennemi, pour éviter les embûches qu'il fait tendre à-propos, & le combattre fous les différentes formes, à la faveur defquelles il fe reproduit & fe multiplie fuivant les occafions, mais toujours avec les apparences du défintéreffement? La vérité n'a pas un accueil plus ouvert; la fincérité n'a pas une contenance plus affurée; l'honneur ne parle pas un langage plus modefte; la grandeur même n'affecte pas plus de générofité.

Telles font les ombres & les chimeres que ce nouveau Prothée fait ainfi paffer fous les yeux de celui qu'il a deffein de féduire ; mais il eft du devoir du Magiftrat d'en diffiper l'illufion. Quand il ne reftera plus de reffource à l'intérêt que dans la chicane, fi le Magiftrat s'apperçoit que, féconde en expédiens, elle veuille en aider l'injuftice, & travailler à égarer le bon droit dans les détours du dédale qu'elle habite, le Magiftrat doit y defcendre avec courage, y pourfuivre ce fantôme hériffé de formes ; & en lui faifant rendre les armes, affurer à l'équité une victoire que la fraude & l'artifice fembloient promettre à fon adverfaire.

Un fpectacle plus touchant fe préfente : Approchez du Magiftrat, nombreux effains d'infortunés, qui tous nés fans bien, ne pouvez, pour foutenir votre languiffante vie, que compter, les uns fur les forces dont la nature vous a doués, les autres, que fur les bienfaits de ceux en qui votre foibleffe, vos infirmités & votre âge avancé, excitent quelques fentimens de pitié.

Le Magiftrat tendre & compatiffant, fait encore ménager ces reffources pour l'Etat ; il économife les forces & l'induftrie du pauvre, que fa jeuneffe rend propre au travail ; il procure à celui qui fuccombe-

roit fous le poids de la maladie & de la mifere , une
retraite dans ces afyles refpectables où la charité brille,
& où le zele & l'humanité font taire l'orgueil, la gloire
& l'amour-propre. Mais allons plus loin ; fuivons-le
dans ces lieux où fouvent la vertu , victime malheu-
reufe du fort, honteufe de fon opprobre , pour fe
foutenir & pour aider les fiens à lutter contre la mort
qui fe préfente à tout inftant, n'a d'autre reffource
que de confommer elle - même , & de rompre à une
famille éplorée qui l'entoure , le pain qu'en mendiant
dans l'obfcurité , elle avoit déjà plus d'une fois arrofé
de fes larmes.

Voyons le Magiftrat fe dérobant aux yeux du Public, fe cachant à lui - même , & fans autre confident
que la bonté de fon cœur, pénétrer dans ces réduits
fombres & ténébreux, où enveloppée des lambeaux
de l'indigence, la nobleffe fe dégrade quelquefois ; y
conduire par des canaux , que la modeftie a fçu lui
pratiquer , les fources de charité dont il difpofe ; y
ramener le courage, & étouffer les fanglots du defef-
poir dans les pleurs de la reconnoiffance.

Ainfi facrifiant fans ceffe fon tems & fes veilles ,
foit au bien public en général, foit à l'avantage particulier de chacun de fes Concitoyens , le Magiftrat
ne s'occupe qu'à chercher les occafions de fignaler

fon zele patriotique ; cependant il faut qu'il trouve encore le loifir de réfléchir fur lui - même. C'eft un dernier objet que nous allons traiter en peu de mots.

TROISIEME PARTIE.

Le miniftere refpe&able que le Magiftrat exerce, exige d'abord de lui qu'il conferve la dignité de fon état ; il faut qu'il mette à profit , en faveur du Public , les agrémens dont cet état eft fufceptible , & les plaifirs mêmes qu'il permet : enfin il eft dans l'ordre que fon propre intérêt, qui ne l'a jamais fait agir, parle & le rende jaloux d'obtenir la récompenfe qu'il a méritée.

Conferver la dignité de fon état, c'eft le faire ref-pe&er tant par fes paroles que par fes a&ions ; c'eft, fans emprunter un air de hauteur qui eft le ridicule de la vanité , ni affe&er un air familier qui eft fouvent le mafque de l'orgueil, tenir un jufte milieu qui eft le ton de la décence. Perfonne n'ignore les égards dûs à la Magiftrature : aucun de ceux qui fe piquent de réflexions, ne cherche à s'en écarter ; c'eft toujours la faute du Magiftrat , lorfqu'un pareil fcandale ar-rive ; auffi fa circonfpe&ion ne peut être trop grande. En effet, comment perfuadera-t-il la modération , s'il marque de l'emportement ? Comment ramenera-t-il les esprits au joug de la raison, si des paroles dures & ameres sortent de sa bouche ? Quel singulier moyen pour amortir le feu des passions, que celui d'employer la passion même, l'ironie, ou l'injure ? Un Magistrat qui sait combien il lui est important de s'observer, ne se permettra que des expressions honnêtes & pleines de douceur. L'affabilité qui réside dans son cœur, passe dans ses discours, la persuasion vient habiter sur ses levres, la conviction marche à sa suite, ses avis sont des ordres, ses ordres ne trouvent point de résistance ; il prévient des fautes qui l'auroient mis dans le cas du reproche ou de la sévérité ; il corrige le vice avant que de le punir ; & quant à sa considération personnelle, il obtient par cette voie beaucoup plus qu'il ne se croyoit en droit d'exiger.

La régularité de sa conduite, l'honnêteté de ses mœurs, la sagesse de ses démarches ne font qu'ajoûter au respect dont il est honoré par-tout ; soit qu'assis dans le Tribunal, il fasse la fonction de Juge ; soit qu'il paroisse en public, ou que rendu à la Société, il se communique à un certain nombre d'amis choisis d'un caractere conforme au sien, & dont les conseils ne peuvent que lui inspirer de nouvelles vûes sur une

admi-

adminiſtration avantageuſe à la République. Ce ſont-là les plaiſirs du Magiſtrat.

Des liaiſons vertueuſes ſervent de délaſſement à ſes occupations pénibles ; il ſe plaît d'autant plus dans un pareil commerce, que la probité en eſt le lien, que la ſincérité y préſide, & que la candeur ſeule en fait l'ornement ; il y entretient le goût que ſon éducation lui a donné pour les Belles-Lettres ; enfin il y puiſe ſouvent des connoiſſances, dont il ſait faire tourner l'agrément au profit de l'utilité publique ; car le Magiſtrat ne doit pas moins ſe faire un plaiſir, qu'un devoir de favoriſer les Sciences, de protéger les Arts, & d'honorer les talens : mais entre ceux qu'il diſtingue comme ayant le plus de relation avec la Magiſtrature, & par conſéquent plus à portée de concourir, ſoit à ſa propre ſatisfaction, ſoit à l'avantage de chaque Citoyen, l'Eloquence tient ſans doute le premier rang.

L'Orateur du Barreau naît, pour ainſi dire, ſous les yeux du Magiſtrat ; il ſe forme par ſes ſoins & par ſes exemples. Si la diſtinction attachée à la profeſſion qu'il embraſſe, lui ouvre le temple de la Juſtice, c'eſt aux Oracles qu'il y entend prononcer, qu'il eſt redevable des lumieres dont ſon eſprit s'éclaire, des ſentimens dont ſon cœur ſe remplit, du ſuccès dont

D

fes premiers efforts, qui ont un motif fi noble, font prefque toujours accueillis.

Qu'un travail affidu faffe valoir fes heureufes difpofitions, le talent augmente & prend plus de faveur de jour en jour; le Public qui en eft témoin, y applaudit, & s'y livre avec affurance. Dès ce moment, le defir que l'Orateur du Barreau avoit conçu de fe faire un nom, devient légitime; & le Magiftrat joignant fon eftime & fa confiance aux fuffrages du Public, jouit en quelque forte lui-même d'une réputation à laquelle il peut fe glorifier d'avoir contribué.

Auffi l'Orateur du Barreau qui, après avoir confacré à la Juftice fes premiers accens, reconnoît lui devoir les égards accordés à fa profeffion, doit récompenfer la Juftice par fes fentimens, & par l'emploi d'un talent dont il a chaque jour l'occafion de lui renouveller l'hommage.

Pourquoi craindrions-nous de rappeller les tems où nous avions plus particulierement le bonheur d'en profiter; placés fur la tribune des harangues dès les premiers pas que nous avons faits dans la carriere de la Magiftrature, nous partagions avec vous le plaifir de rendre aux plus illuftres Orateurs du Barreau que le fiecle ait produits, le tribut d'éloges & d'admiration dû à leur mérite. Nous avons vêcu du tems de ces grands hommes ; nous avons entendu les voûtes de ce Sénat retentir du fon de leurs voix, & du bruit des applaudiffemens qu'ils excitoient, lorfque ne regardant les graces de l'Eloquence que comme l'acceffoire des caufes dont ils étoient chargés, mais pénétrés des intérêts de leur patrie, ils agitoient ces fameufes queftions d'Etat, fur lefquelles le Public indécis attendoit avec impatience le Jugement que vous deviez rendre. Quelquefois même nous avons vû la fcience de l'Orateur du Barreau, trop refferrée en quelque forte par le détail des moyens relatifs à fon objet actuel, s'élancer hors de la fphere de fa caufe, & faifir le moment de faire paroître les connoiffances les plus profondes fur le Droit public, les vûes les plus étendues fur l'adminiftration, le zele & l'amour le plus actif pour le bon ordre.

Qu'il nous foit permis de vous rappeller un trait d'une de ces lumieres du Barreau, trait qui appartient fpécialement à ce Tribunal, & qui doit être à jamais confacré dans nos faftes. Une affaire intéreffante par la nature de la queftion, par la qualité des Parties, & par la réputation de leurs défenfeurs, portée en premiere inftance dans cette Jurifdiction, fixoit l'attention de toute la ville. *Le Maître de l'Eloquence apperçoit parmi fes Auditeurs l'un de ces

* *Feu M.* *Cochin.*

Citoyens peu communs, non moins célebre dans
l'Art oratoire *, que recommandable par fes mœurs
& par l'utilité de fes foins éprouvés auprès de la jeuneffe ; il en prend tout-à-coup l'idée d'établir l'obligation, dont la nature & la police font une loi aux
peres & meres de veiller par eux - mêmes à l'éducation de leurs enfans, ou de ne s'en rapporter qu'à la
vertu la plus épurée ; il exprime avec énergie les re-
mords d'une ame tendre, allarmée d'avoir manqué à
ce devoir ; il fait fentir les conféquences qui peuvent
dans la Société civile réfulter d'un pareil défordre ;
il en peint les effets avec les couleurs les plus vives ;
mais par un éloge indirect, il ramene l'attention &
les regards de fon auditoire fur cet homme illuftre
qu'il avoit remarqué dans la foule. La modeftie de
celui-ci eft furprife de recevoir des éloges dans un lieu
où il ne venoit que pour applaudir ; cependant il ne
peut refufer d'être ému au tour ingénieux avec lequel, auffi fenfible lui-même qu'éclairé fur les devoirs d'un pere, non moins zélé pour fa caufe, que
jaloux du bon ordre en général, l'Orateur du Barreau
avoit faifi l'occafion, en s'acquittant de fon miniftere,
de fatisfaire à ce qu'il avoit cru devoir à l'amitié. Le
Public frappé d'admiration, applaudit & confacre la
mémoire d'une rencontre auffi heureufe que tou-
chante. Quant à la Juftice, qui a déjà placé toute fa

confiance en ces deux fujets , également précieux &
utiles à la République , elle confirme la diftinction
qu'ils ont méritée , de paffer auprès de la poftérité
la plus reculée, l'un pour le Mentor , l'autre pour
le Cicéron de fon fiecle.

Il ne faut cependant pas croire que l'Eloquence
puiffe feule prétendre au prix que le Magiftrat croit
devoir accorder aux talens; il favorife en général
tout ce qui appartient au bien public. Toutes les
Sciences d'une utilité démontrée , tous les Arts libé-
raux font fous fa tutelle ; il ne dédaigne pas même ,
à l'exemple des Légiflateurs de Lacédémone & de
Rome, de donner quelque attention aux exercices
propres à fortifier ou à développer le corps ; & fi la
chaîne non interrompue des occupations importan-
tes qui ne lui laiffent aucun loifir, l'empêche de s'y
livrer perfonnellement, il ne craint pas de les honorer quelquefois d'un coup-d'œil favorable ; il encou-
rage & protege ceux qui font deftinés à y former la
jeuneffe. Ainfi pour mettre le comble à fes mérites
envers la République, le Magiftrat vient à-bout de
fertilifer les terres les plus légeres , & de faire pro-
duire des fruits aux fleurs de l'agrément.

Mais enfin il eft tems qu'il fonge à lui-même ; il
eft jufte qu'il envifage un terme & une récompenfe

à fes travaux ; ce n'eft que dans le cœur de fes Concitoyens qu'il en peut trouver une véritablement digne de lui. L'éclat qui environne les Grands, les
honneurs que l'ambitieux recherche, les richeffes
que la fortune prodigue à fes favoris, n'ont jamais
été le but des defirs du Magiftrat.

Plus heureux par fa modération, la confiance publique fait fa grandeur, l'eftime des gens de bien borne
fon ambition, fes tréfors font les fervices qu'il a déjà
rendus à fa Patrie ; & s'il étend fes vûes fur l'avenir, il ne forme d'autres vœux que de tranfmettre
aux fiens, avec les faifceaux confulaires, dont fes
vertus ont fait le principal ornement, la confidéra-
tion univerfelle qu'il a fû rendre héréditaire dans fa
famille.

C'en eft affez, Meffieurs : après avoir effayé de
réunir & de vous préfenter fous un même afpect les
principales parties du devoir du Miniftre de la Juftice, & les qualités éminentes qui doivent le caractérifer, il ne nous refteroit plus qu'à nommer ceux
qui nous ont fervi de modeles ; mais le Public nous
a prévenu ; fes yeux attachés fur vous pendant tout
notre difcours, nous ont fait entendre qu'il reconnoiffoit dans cette Jurifdiction ce Tableau vivant de
la Juftice, dont malgré tous nos efforts, nous n'avons

pu que foiblement rendre la vérité. Si nous n'avons fait qu'ébaucher le portrait du parfait Magiftrat, au moins nos idées, d'intelligence avec notre cœur & avec les fentimens de ceux qui ont eu l'indulgence de nous accorder leur attention, vous ont fans ceffe rappellé les traits du Chef que ce Tribunal vient de perdre.

Sa retraite, quoique volontaire, nous allarmeroit, fi, connoiffant combien il lui en coûte pour fe féparer de nous, nous ne fçavions qu'il a moins cédé à la néceffité qu'au mouvement de l'amour paternel; fon zele luttoit encore contre le repos auquel la tendreffe de ceux qui le chériffent, lui faifoit un fcrupule de ne pas fe rendre; mais enfin il a bien voulu fe prêter à leurs inquiétudes; il confent de fe conferver pour fes amis, pour fa famille, pour cette Compagnie même qu'il femble quitter.

Il va fe trouver plus à portée de fe communiquer en liberté à cette multitude de citoyens vertueux, qu'une naiffance illuftre, ou la vertu plus illuftre encore, rapprochoit tous les jours de lui, mais aux foins defquels le fardeau des affaires publiques l'obligeoit fouvent de fe dérober.

Dans le centre d'une famille jaloufe à jufte titre de recueillir deformais tous fes momens, il va jouir du calme & de la paix connus dans les lieux où l'honneur & la vérité regnent, & réfervés aux ames fur lefquelles les paffions n'eurent jamais d'empire : ofons même nous flater que fon affeation ne fera qu'augmenter à l'égard d'un Tribunal à la tête duquel fes exemples femblent avoir fixé pour toujours le plus ferme appui de la Juftice. Le Public peut y compter, foit qu'il y voye préfider, comme il arrive aujourd'hui, ceux que les droits de leur Charge y appellent en l'abfence du Chef, foit que nous foyons au moment où l'héritier du nom de celui qui caufe nos regrets, déjà recommandable lui-même par fes fervices au Parlement & dans les Confeils du Roi, va venir le faire revivre parmi nous, marcher fur fes traces, & déjà prendre part à fa gloire.

Car, ofons le dire, malgré la modeftie de ce Magiftrat incomparable, qui peut, auffi légitimement que lui, prétendre au refpea & à la reconnoiffance ?

Plus d'un demi-fiecle paffé dans les fonations les plus laborieufes & les plus pénibles de la Magiftrature, forme une époque unique, non moins avantageufe pour l'âge qui en a profité, qu'honorable pour celui qui a fourni cette carriere, glorieufe pour la Juftice elle-même, & digne de l'immortalité.

PRO-

P R O C U R E U R S,

Comme votre miniftere prépare les voyes de la
Juftice, vous ne fçauriez trop fentir quelle en eft
l'importance; vous êtes les premiers Juges des Parties qui vous confient leurs intérêts ; ainfi vous ne
devez ni flater leurs paffions, ni les engager dans
des demandes dont le fuccès vous paroîtroit douteux.
Quant au zele & à l'activité dont vous êtes fouvent
obligés de donner des preuves dans l'exercice de
votre profeffion, les circonftances des derniers tems
nous ont mis à portée de connoître jufqu'à quel
point la plus grande partie d'entre vous s'en fait honneur: auffi c'eft avec empreffement que nous faififf-
fons l'occafion de vous témoigner en public quels
ont été à cet égard les fentimens des Magiftrats. Continuez avec le même courage, aidez-nous à fupporter
ces momens de crife imprévûs, où le travail furpaffe
quelquefois les forces de celui qui s'y livre : ne vous
laiffez point effrayer par des obftacles qu'un amour
fincere pour le bien public, vient à-bout tôt ou tard
d'applanir ; enfin, fongez que l'interruption du cours
de la Juftice eft un des plus grands maux qui puif-
fent affliger la République ; par conféquent veillez
fans ceffe, occupez-vous fans relâche à prévenir les

E

fuites qui réfulteroient d'un pareil defordre ; vos foins
feront même à votre gré fuffifamment récompenfés
par la fatisfaction intérieure d'être la reffource de
vos Concitoyens, l'objet immédiat de leur reconnoiffance, & de la protection de la Cour.

L E Difcours de M. le Procureur du Roi fini, M.
CHARDON, *Lieutenant-Particulier, affis & cou-
vert, s'eft exprimé en ces termes :*

A VOCATS,

S I la décence eft néceffaire à tous les états, elle
l'eft encore plus à l'Orateur, & doit faire en quelque
forte fon partage. Pour que le défenfeur des Citoyens
foit vraiment éloquent, il faut qu'à l'inftant où il prend
la parole, il paroiffe fe revêtir d'un caractere refpectable, qui en impofe à toute l'affemblée ; que fon ex-
térieur, fon ton, jufqu'à fon maintien, tout annonce
en lui le protecteur de l'innocence, & celui de la
vérité ; que peu content de plaire, s'il ne parvient à
convaincre, il cherche à perfuader, fans vouloir
éblouir par les preftiges d'une fauffe éloquence : car,
n'en doutez pas, MESSIEURS, en vain l'Orateur
cherche-t-il à fafciner les yeux des Juges par de faux
brillans ; en vain cherche-t-il à féduire par des figu-
res captieufes, ou par une déclamation pleine d'arti-

fice ; fi fa décence & fa modération n'ont prévenu en fa faveur, il ne foumettra perfonne. Mais fi la fageffe de fes difcours, la bienféance, & la retenue qui y regnent, ont jetté d'avance dans l'efprit de ceux qui l'écoutent, les fondemens de cet empire, que le veritable Orateur a fur tous les cœurs ; alors ce n'eft plus un ennemi dangereux qui cherche à furprendre la Juftice, c'eft un torrent qui fait tout céder à fon impétuofité. La fublimité de fes difcours enleve l'auditeur à lui-même ; le Juge qui fait qu'il n'a point à fe défier de pieges tendus à fon équité, fe livre à cette douce yvreffe ; l'Orateur enchaîne les fuffrages à l'inftant où il paroît ; les vœux de la multitude l'ont précédé, & c'eft la perfuafion elle-même qui s'énonce par fa bouche.

Ces tems ne font plus, où les Orateurs de l'ancienne Grece, où ceux de Rome renfermoient dans leur fein le fléau de la guerre, ou les douceurs de la paix ; où Démofthene ranimant le courage des Athéniens, armoit leur bras contre un ennemi puiffant ; où Cicéron défendoit la République contre l'ufurpateur de fes droits & le deftructeur de fa liberté. Mais nous voyons encore tous les jours, & nous le voyons avec admiration, ces Maîtres de l'Eloquence devenir eux‑mêmes, par la parole, les maîtres d'une foule d'hommes libres ; intéreffer la multitude par le feul fujet qu'ils traitent ; émouvoir, entraîner, affervir même les efprits, porter par le fon de leur voix l'indignation ou la pitié dans le fond de tous les cœurs. C'eft à vous, qui êtes les dépofitaires de ce précieux tréfor, de le confacrer tout entier au bien & à l'utilité de la Société. Si vous voulez imiter ces grands hommes, que l'Eloquence foit dans votre bouche le fléau du vice & de l'irreligion, le bouclier de l'innocence, l'organe de la vérité. Que les hommes qui afpirent à être éloquens, apprennent par votre exemple à fervir la Patrie, & comptent l'Eloquence pour rien, fi l'Eloquence elle-même n'eft comptée au rang de leurs vertus.

Le Magiftrat établi pour être le guide des hommes & leur cenfeur, a moins befoin d'employer les refforts de l'Eloquence. Miniftre de la Loi & fon interprete, il doit toujours parler comme elle, fes difcours doivent être moins brillans que folides. Renfermé fans ceffe dans le cercle des devoirs que fon état lui impofe ; occupé à faire refpeâter la Juftice dont il eft l'organe, en fe faifant refpeâter lui-même, il doit fonger que la modeftie eft le plus bel ornement de la vertu, & que la décence eft un de fes premiers devoirs. Doux & acceffible aux pauvres, inébranlable aux pieges des riches , raffurant la timide vertu , ter-raffant l'orgueil du vice & de l'irreligion , il porte toujours dans le temple de la Juftice des mains pures & fans taches. La fageffe eft peinte fur fon front, le calme regne dans fon cœur. Mais s'il eft fourd à la voix de la féduction , il ne doit pas toujours l'être au cri de la nature ; tendant à l'innocence une main com-patiffante , il doit tempérer & adoucir, s'il le peut, l'autorité de la Juftice , lever quelquefois le bandeau qui lui couvre les yeux, pour lui laiffer jetter un re-gard de pitié fur les malheureux , & faire fentir aux coupables même, que c'eft à regret qu'il eft obligé de les punir. Les droits de la nature , ou ceux de la Société , l'obligent-ils d'interrompre un inftant fes fonctions , il porte dans la vie privée le même ca-ractere qu'il a dans le Public , & jufqu'à fes plaifirs même font marqués au coin de la décence ; il ignore l'ufage de ceux que l'oifiveté enfanta pour les efprits frivoles, & qui font fondés fur l'inutilité ; s'il fe dé-laffe d'occupations férieufes , c'eft , pour ainfi dire , en s'occupant d'une autre fcience ; fon repos eft pref-que une étude , & fes plaifirs cefferoient même d'en être pour lui , fi , pour les goûter , il falloit fortir des bornes de la bienféance & de la retenue qu'il s'eft toujours prefcrites.

Tel eft le caractere qui a toujours diftingué ce Tribunal; tel eft l'efprit qui anime encore aujourd'hui les Magiftrats qui le compofent. L'innocence les a toujours regardés comme fon afile, la pauvreté comme fon appui, & les Citoyens comme les confervateurs de leurs biens , de leur réputation, de leurs vies mêmes.

Ici vous me prévenez, Meffieurs, & chacun de vous en m'entendant définir le parfait Magiftrat, s'eft déjà retracé d'avance le portrait de celui que j'ai l'honneur de remplacer aujourd'hui, & dont on vient de vous rappeller le fouvenir d'une maniere fi intéreffante (*a*).

Que ne peut-elle cette place, que pendant la durée d'un demi-fiecle il a occupée fi dignement, m'infpirer l'éloquence qui lui fut toujours propre ! mais pour parler de lui dignement, puis-je emprunter une autre voix que celle de la reconnoiffance dont tous nos cœurs font pénétrés ! Vous le verriez à peine forti des écoles de Jurifprudence, où plus d'une fois fes progrès étonnerent fes Maîtres, fe diftinguer dans les premiers pas qu'il fit dans la carriere de la Magiftrature par autant de zele que d'érudition. De fi grands talens ne pouvoient manquer d'être bien-tôt récom-

____

(*a*) M. le Procureur du Roi dans fon difcours.

penfés; ce Tribunal vint à perdre un Chef (*a*) qu'il regretera long-tems. L'eftime générale appelloit déjà le jeune Magiftrat à une grande Charge; la voix publique le nomma pour fon fucceffeur.

Revêtu de cette Place diftinguée, il fit paroître dans un âge où la voix des paffions eft prefque la feule qui fe faffe entendre, une maturité qui dans la plûpart des hommes n'eft que le fruit d'une longue expérience, ou d'un travail de beaucoup d'années. Ses premieres décifions porterent le caractere de la prudence la plus confommée, & fi l'on reconnoiffoit fa jeuneffe, ce n'étoit que par le feu de fon efprit, & plus encore par le jufte étonnement où chacun étoit de voir la fageffe de Neftor dans la bouche d'un jeune Magiftrat qui avoit à peine acquis fon fixieme luftre (*a*).

Être le dépofitaire des dernieres volontés des citoyens, & pour ainfi dire l'exécuteur de ces actes où l'humanité fe furvit en quelque façon à elle-même; garder les fecrets des familles, & ne jamais les divulguer que quand l'intérêt public peut l'exiger; démêler au premier coup d'œil les intérêts qui divi-

(*b*) M. le Camus, Lieutenant-Civil, à qui M. d'Argouges fuccéda le 5 Octobre 1710.

(*a*) M. le Lieutenant-Civil a été reçu à 27 ans.

font

fent les parens ; réprimer la cupidité de ceux qui font trop avides ; écouter la réclamation de ceux qui font opprimés ; fervir de pere à ceux que leur trop grande jeuneffe, ou leur trop grand âge met fous la fauve-garde des Loix ; prévenir les défordres que cauferoient dans une Ville policée ceux qui font hors d'état de gouverner leurs perfonnes ou leurs biens ; rétablir l'union dans les familles ; maintenir la paix, toujours prête à ceffer ; être plûtôt médiateur que juge, & ne faire parler la Loi que lorfque l'efprit de paix ne peut plus fe faire entendre ; enfin être le protecteur de fes Concitoyens, l'ami de fes femblables, le défenfeur de fa Patrie, &, pour ainfi dire, fon pere. Telles font les fonctions de cette Place importante ; & les regrets de tous les Citoyens en ce jour, annoncent affez avec quel éclat elles ont été remplies par le grand Magiftrat qui ceffe par fa retraite de partager nos travaux.

Combien de fois, affis fur le trône de la Juftice, fes fages décifions (*a*) ont-elles confondu l'erreur & l'impofture, & fait triompher la vérité ? Ces voûtes

(*a*) Le Public a une collection d'Actes de notoriété, prefque tous de M. le Lieutenant-Civil, qui forme un corps de Jurifprudence, recueillis & redigés en 1749, avec beaucoup d'ordre & des notes fçavantes, par Me Denifart, Procureur au Châtelet, auteur d'un Dictionnaire très-utile, connu fous le nom de *Collection de Jurifprudence.*

retentiſſent encore des oracles qu'il y a rendus, &
des applaudiſſemens qu'il a mérités. Mais il eſt un hommage plus pur, peut-être moins brillant, mais plus
flatteur pour les cœurs bienfaiſans, c'eſt celui que lui
doivent les malheureux opprimés, à qui plus d'une
fois, par ſes conſeils, ou même par ſes ſecours gé-
néreux, il a ſauvé les frais d'une Inſtance auſſi longue
que diſpendieuſe ; plus content mille fois d'avoir ſans
autre témoin que ſa vertu, épargné un procès à ſes
Concitoyens, que d'avoir au milieu d'une audience
nombreuſe prononcé ſur leur ſort ; & plus ſatisfait
de goûter cette joie pure que reſſentent ſi bien les
ames généreuſes , que d'avoir entendu les applaudiſſemens de la multitude.

Tels étoient ces premiers ſages que l'antiquité re-
gardoit comme les organes de ſes dieux, & preſque
comme leurs images. Le reſpeƈt dû à leur ſageſſe,
leur faiſoit élever des autels. Nous n'en élevons plus
à nos ſemblables ; mais chacun de nos cœurs va devenir un temple où l'encens de la reconnoiſſance
brûlera ſans ceſſe en l'honneur de cet illuſtre Magiſtrat ; ſon ſouvenir ſera toujours gravé dans nos ames
par les traits de la plus grande vénération ; il vivra
parmi nous par les regrets qu'il nous laiſſe ; & ſi nous
ne pouvons plus jouir de ſes exemples, nous tâche-
rons au-moins de les imiter.

Mais que dis-je, MESSIEURS ! nous ne le perdons pas; il vit dans fon illuftre fils (*a*). Succeffeur de fa place, il l'eft auffi des vertus qui dans cette Famille fe perpétuent, ainfi que la nobleffe (*b*); l'une coulera dans fon fang, l'autre animera fon cœur. Né lui-même dans le fein de la Juftice, élevé fous les yeux du plus refpe&table de fes Miniftres, tout nous dit qu'il remplira avec éclat la carriere qui s'ouvre fous fes pas. Difons-le même avec un Auteur accrédité, les talens du pere font un garant de ceux du fils; les grands hommes ne dégénerent jamais; notre premier defir fera de le voir occuper long-tems cette place; notre plus douce fatisfa&tion, d'applaudir à fes fuccès; & s'il nous refte des regrets, ce fera de ne pouvoir jouir à-la-fois & des exemples du pere & des talens du fils.

PROCUREURS,

C'eft en fuivant un fi beau modele, & en rempliffant avec exa&titude vos devoirs, que vous méri-

(*a*) M. d'Argouges de Fleury, Maître des Requêtes, reçu en furvivance de M. fon Pere le 5 Mars 1746.

(*b*) La Famille de MM. d'Argouges eft une des plus anciennes Maifons de la Baffe-Normandie. Cette Province compte encore plufieurs de leurs Ancêtres au nombre de fes Libérateurs; & l'origine de cette Tige illuftre y remonte jufqu'aux tems les plus reculés.

terez l'approbation de la Cour. Vous êtes également
redevables aux Citoyens que vous devez éclairer de
vos confeils, & aux Juges devant qui vous avez leur
fortune à défendre : refpectez ce miniftere que la Loi
vous a confié, n'en abufez jamais; n'engagez point
vos cliens, fous l'efpoir d'un fuccès incertain, dans le
labyrinthe obfcur d'une procédure auffi longue que
coûteufe ; apportez à vos fonctions un amour de la
Juftice digne des Magiftrats qui feront toujours prêts
à vous encourager , & une intégrité qui vous affure
la réputation dont jouiffent plufieurs d'entre vous,
& qui doit être le plus pur & le feul objet de vos defirs; que le zele avec lequel vous défendrez vos Parties, ne vous rende pas aveugles fur les motifs de
leurs diffenfions; foutenez leurs intérêts, & jamais
leurs paffions; refufez même votre miniftere à ceux
qui voudroient nous faire emprunter le langage du
menfonge ou de la calomnie; que les pauvres, que
les malheureux vous trouvent toujours empreffés à
les défendre; regardez comme le plus bel ufage que
vous puiffiez faire de vos talens, celui de les confacrer à ces victimes de l'infortune ; & comptez au
nombre de vos plus beaux jours, celui où fans autre
falaire que votre générofité, vous aurez par vos foins
rendu à vos Concitoyens, leur état, leur fortune, leur

réputation même ; banniffez de vos procédures cette longueur qui fait gémir l'innocence opprimée , & qui la fruftre fouvent du fruit d'une victoire fi long-tems difputée. Continuez, redoublez même s'il fe peut, le zele dont nous vous voyons avec fatisfaction animés ; ne craignez point les obftacles qui pourroient fe préfenter fous vos pas : c'eft une nouvelle occafion d'acquérir de la gloire , que de fçavoir les franchir , & ce font fouvent de nouvelles difficultés qui font éclore de nouveaux talens. Puiffe cette jeuneffe qui chaque année vient partager vos travaux , répondre à nos defirs, remplir nos efpérances, & imiter les exemples que leur donnent ceux d'entre vous dont nous faififfons toujours avec plaifir l'occafion de louer le zele & le défintéreffement ; puiffe chacun de vos jours être confacré à l'utilité de vos Concitoyens, chacune de vos occupations au bien public ; & puiffions-nous nous-mêmes , après vous avoir parlé aujourd'hui de vos devoirs, n'être plus occupés à l'avenir qu'à donner des éloges à l'intégrité avec lefquels vous les rempliffez.

Pour moi, Messieurs, qui compterai deformais au nombre de mes plus beaux jours , celui où j'ai pu confacrer ma voix à vous rappeller le fouvenir d'un Magiftrat fi cher à vos cœurs , puiffai-je par mes actions vous retracer les vertus que je viens de vous peindre, fuivre un fi bel exemple, profiter de ceux que vous donnez tous les jours; & puiffe le refte de ma vie être employé toute entier à vous prouver ma reconnoiffance;

La féance a fini par l'appel des Avocats & des Procureurs au ferment, en la maniere ordinaire & accoutumée.

EXTRAIT DU REGISTRE

des Delibérations de la Communauté des Procureurs au Châtelet de Paris,

Du Dimanche 26 Décembre 1762, dix heures du matin.

EN l'Affemblée convoquée extraordinairement & tenue en la Chambre du Confeil, iffue de la Meffe, dite & célébrée en la Chapelle du Parc‑Civil en la maniere ordinaire, où étoient MM. les Procureurs de Communauté, les anciens Procureurs de Communauté, les Officiers en charge :

M. Courlefvaux l'aîné, premier Procureur de Communauté, a dit :

Que la retraite de M. le Lieutenant-Civil eft fans doute l'événement le plus affligeant pour le Châte‑let, & fingulierement pour la Communauté des Pro‑cureurs, qu'il a toujours honorée de fa protection & de fa bienveillance.

Que tous ceux qui compofent la Jurifdiction au‑roient lieu d'être inconfolables de cette perte, fi d'un côté elle n'étoit pas réparée par un fils digne d'un

pere auquel il fuccede, & de l'autre par la fatisfaction de voir un Magiftrat refpeɛtable jouir du repos
qu'il a fi bien mérité par un exercice pénible & con-
tinu de plus de cinquante-deux ans, pendant le cours
duquel il n'a pas ceffé de donner des preuves du zele
le plus infatigable, l'exemple des vertus les plus ra-
res, & le tableau des lumieres les plus éclatantes.

Que la vénération, le refpeɛt & la reconnoiffance dont ils font pénétrés, font les fentimens de
tous les Magiftrats & de tous les Membres de la Ju-
rifdiɛtion ; que ces fentimens ont été exprimés avec
autant de force & de vérité, que d'élégance dans les
Difcours prononcés le lundi 25 Oɛtobre dernier,
jour de la rentrée du Châtelet, par M. de Sartine,
Lieutenant Général de Police, préfidant la Compagnie affemblée ; par M. Chardon, Lieutenant Particulier, préfidant à la rentrée des Audiences, & par
M. Moreau, Procureur du Roi, qui indépendam-
ment des fonɛtions multipliées de fon état, remplit
depuis plus de quatre mois, avec un zele digne des
plus grands éloges & à la fatisfaɛtion du Public, celle
d'Avocat du Roi, dont les quatre places font va-
cantes.

Qu'il n'eft aucun de ceux qui ont entendu ces Difcours, & en particulier aucun de ceux qui compofent

fent la Communauté des Procureurs, qui n'ait connu la voix de fon cœur dans celle des Magiftrats qui les ont prononcés.

Que la Communauté ne peut donner au Magif-trat qu'elle a le malheur de perdre, une marque plus certaine de fes fentimens, qu'en rendant publics par l'impreffion, des difcours qu'ils expriment avec l'a-me la plus fincere & l'énergie la plus frappante; que fi la gloire & les noms de Meffieurs d'Argouges font au-deffus des éloges même les plus mérités & les mieux rendus, au moins le Public fçaura gré à la Communauté, de cette marque de fa reconnoiffance, & de lui avoir confervé des monumens qui ne peu-vent manquer de lui être précieux dans tous les tems; que dans cet efprit les Procureurs de Communauté ont eu l'honneur de voir M. le Lieutenant de Police, M. Chardon, Lieutenant Particulier, & M. le Pro-cureur du Roi, pour les fupplier d'agréer cette im-preffion; que malgré la répugnance de ces Magiftrats à faire imprimer leurs Difcours, leurs fentimens de bonté pour la Communauté a prévalu fur leur mo-deftie, & que cédant aux inftances des Procureurs de Communauté, ils ont bien voulu confentir à l'im-preffion, & leur ont remis leurs Difcours; qu'en conféquence ils ont convoqué l'affemblée du Bureau,

G

perfuadés que tous ceux qui le compofent approu-
veront leurs réflexions & les démarches qu'ils ont
faites pour procurer à la Communauté l'occafion de
fignaler fon profond refpect & fa vive reconnoiffance
pour un Magiftrat qui régnera toujours dans les
cœurs de ceux qui la compofent.

Sur quoi il a été arrêté que les Difcours de M^{rs}
de Sartine, Chardon & Moreau, dont il a été fait
lecture, feront imprimés le plus diligemment que faire
fe pourra, & qu'il en fera tiré nombre d'exemplaires
fuffifans aux frais de la Communauté ; qu'il en fera
préfenté par les Procureurs de Communauté, des
exemplaires à M. le Prevôt de Paris, M. d'Argouges
pere, ancien Lieutenant Civil, M. d'Argouges fils,
Lieutenant Civil, M. le Lieutenant Général de Police, M. le Lieutenant Criminel, Meffieurs les Lieu-
tenans Particuliers, au Doyen de Meffieurs les Con-
feillers, & à M. le Procureur du Roi ; qu'il en fera
remis ès mains de M. Durand, Greffier des Dépôts
civils, nombre fuffifant pour Meffieurs les Confeil-
lers, & au furplus, qu'il en fera diftribué à tous les
Procureurs au Châtelet, & autres Officiers de la Jurifdiction, & à qui les Procureurs de Communauté
jugeront à propos ; & a autorifé le Syndic à faire les
débourfés néceffaires, qui lui feront alloués en dé-

penſe dans ſes comptes , ſur l'arrêté des Procureurs de Communauté. Fait & arrêté leſdits jour & an, & ont ſigné.

COURLESVAUX l'aîné, premier Procureur de Communauté.

LE COMTE, ſecond Procureur de Communauté.

MARIE, troiſieme Procureur de Communauté.

BOULLEROT,
BOULLEMER,
DOUCEUR,
REGNARD,
PIGEON,
LEGER,
ROGER,
BRIGEON,
BEGON,
} Anciens Procureurs de Communauté.

VARNIER, Syndic.

TRAVEAU, Greffier.

ROUSSEAU, premier Receveur de la Bourſe commune.

DUMAIGE, deuxieme Receveur de la Bourſe commune.

F I N.